혜옴 가는 길

시산맥 감성기획시선 058

혜윰 가는 길
시산맥 감성기획시선 058

초판 1쇄 발행 | 2020년 11월 16일

지 은 이 | 이 윤
펴 낸 이 | 문정영
펴 낸 곳 | 시산맥사
편집주간 | 이성렬
편집위원 | 강경희 안차애 오현정 정재분
등록번호 | 제300-2013-12호
등록일자 | 2009년 4월 15일
주   소 | 03131 서울특별시 종로구 율곡로 6길 36,
          월드오피스텔 1102호
전   화 | 02-764-8722, 010-8894-8722
전자우편 | poemmtss@hanmail.net
시산맥카페 | http://cafe.daum.net/poemmtss

ISBN 979-11-6243-147-4 03810

값 9,000원

* 이 책은 2020년 한국문화예술위원회 경남문화예술진흥원에서 창작지원금을 받아 제작되었습니다.
* 이 책은 전부 또는 일부 내용을 재사용하려면 반드시 저작권자와 시산맥사의 동의를 받아야 합니다.
* 이 도서의 국립중앙도서관 출판예정도서목록(CIP)은 서지정보유통지원시스템 홈페이지(http://seoji.nl.go.kr)와 국가자료종합목록 구축시스템(http://kolis-net.nl.go.kr)에서 이용하실 수 있습니다. (CIP제어번호 : CIP2020045662)
* 이 시집은 교보문고와 연계하여 전자책으로도 발간됩니다.

헤윰 가는 길

이 윤 시집

* 본문 페이지에서 한 연이 첫 번째 행에서 시작될 때에는 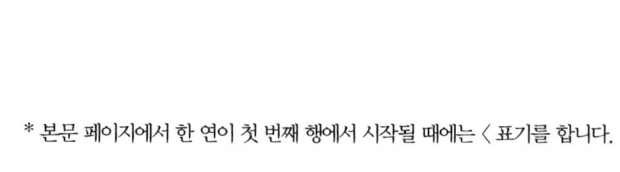 표기를 합니다.

■ 시인의 말

너에게 쓴 내 마음이
일생이 되었다

저 모퉁이를 돌면 뭐가 또 있을지 모른다
하지만 나는 너의 생각을 화학한다

어렴풋한 증오는 그림자를 남겼고
그리운 것들은 멀리서 짐짓 기렸다

쓰레기더미에서 희망을 줍는다면
나는 너를 얼마 동안 품어야 하는가

"詩를 써야 詩詩해지느니라"

2020년 늦가을, 이윤

■ 차 례

1부

배려의 계단 – 19

사라진 빛깔 – 20

미술 시간 1 – 21

미술 시간 2 – 22

미술 시간 3 – 23

은하사 꽃무릇 – 24

흰, 케이 씨 – 25

유월의 별 – 26

물도리동 연가 – 28

바람의 골목 – 30

강변에서 – 32

논골담길 – 33

버찌에 대한 고찰 – 34

죄^{罪} – 35

2부

대나무 – 39

감꽃 마당 – 40

안국사 – 42

다시, 무진이 – 44

새깃유홍초 – 46

감 씨 – 47

문화 골목 – 48

유채밭에서 – 50

순간^{瞬間} – 51

봄에 – 52

해천^{垓川}에서 길을 찾다 – 53

시^{詩} – 56

꾀꼬리단풍 – 57

산물 – 58

3부

예감 – 61

헤윰 길 – 62

가야로515번길 – 64

늦가을 신어산 – 66

포인세티아 – 68

금시당 – 69

무위암에서 – 70

미술 시간 – 72

가을 역 – 74

공진문을 지나며 – 76

김태원 거리 – 77

권태 – 80

위양지 이팝나무 – 81

인간 띠, 아리아리랑 – 82

4부

엄마와 바다 – 85

송현이를 만나다 – 86

코로나 19 – 88

하얀 춤 – 89

테 – 90

모자 쓴 김해 – 91

지금은 피지 않는다 – 92

관찰 일기 – 94

전화 한 통화의 위력 – 95

백일초 영혼 – 96

백조와 백로 – 98

뉴질랜드에서 보낸 딸의 편지 – 99

'옴'과 '훔' – 100

무궁화 – 101

■ 해설 | 박현솔(시인, 문학박사) – 103

1부

배려의 계단

 살면서 내가 상상한 만큼의 천국 그 천국이 여기까지 왔네 아래에서 보이는 계단 끝 하늘이 풀꽃이 떨고 있는, 계단 가장자리에 내려와 열차의 속도만큼 멀어지던

 오래도록 말이다 기나긴 직선 길에 시달렸던 내 인식의 발길에 한세월 돌아 다시 밟는 여기, 누가 놓았어요 곡선 길! 영남루 오르는 길

사라진 빛깔

갈대 억새 나팔꽃 사이 춤추네 나주 벌판 영산강 휘돌아 도랑 구석구석 가을 길 흔한 코스모스 아닌 쪽풀이

지대 낮은 쪽이 쪽물, 보라와 남색의 중간이 제대로인 색이라네 아름다운 빛깔이야 세상에 차고 넘치지만, 그중 눈이 시린 빛깔 있었지 하늘과 감응해야 얻을 수 있다는 '하늘빛 닮은' 색 찾아 사라진 빛깔 찾아 한 사람 마음 헤집어 놓았네, 영산강, 다시평야 한쪽에 다시 피어난 쪽빛 이야기

빛, 물, 바람의 남도 천연 고운 빛깔 전 앞에 고개 숙인 저 장인* 얼룩진 검은 손톱에 3대 물림 색감의 뜻 깃들었다 할머니 서리 찬 정화수에 어린 사연 내려오면, 평생을 쪽밭에서 살다 가신 어머니 잊지 못해 들어선 땅방울의 길, 오늘도 작업장엔 견학군들 붉은 빛이다 가을비 실금 대는 틈새 싸부랑싸부랑 쪽 씨알 돋아난다

* 정관채 선생, 중요무형문화재 115호 염색장 기능 보유자.

미술 시간 1

너에게 가기 위한 기나긴 시간
칠해진 색깔마다 탈색되었어
하얀 볏짚이 빨간 수숫대가 되어
어머니 가슴에 손을 얹게 했어
헛간에 쌓인 불씨 한 점 죽이려
물을 붓고 부었지, 나는 아이였고 불씨들이
물감을 칠하는데
그해 겨울바람은 바람이 아니었어
횃대에서 파닥거리는 닭들이 족제비 발목에
대문을 부수고 죽이 나가던 날
한바탕 북새통을 그리고 지나간 빨강, 빨강은

미술 시간 2

뽕나무 그늘 초록빛 아이
집 앞 산봉우리 가득 그렸지
빨. 초. 파를 합하여 지붕을 둘렀지
내 생애 최초의 집을 그려 흰색 이불 덮었지
어머니는요, 일찍 보색의 근원을 찢어 주셨지!
한 땀 한 땀 아주 독립적인 색깔,
아득한 생의 깊이가 무색 눈물방울로 피어오르던

미술 시간 3

그녀가 가버렸다
그녀의 애인도 사라졌다
하현달이 동쪽에서 소스라쳤다
가장자리 맴맴 그리움까지 칠하고
또 칠하며 비스듬히 기울어졌다
모든 신경이 호흡이
돌아서 버렸다
사는 것이 그림처럼 총천연색이라면
이라면 하고 울먹거렸다
무색이 되지 못한 나는 슬그머니
그림 속을 빠져나왔다

은하사 꽃무릇

땅의 위, 모든 이별이 피어 있었다

몇 개의 내 이별도 붉었으나 거기 두고 왔다

흰, 케이 씨

독 안에 푹 삭혀 먹던 푸른 감 맛과 그 씨를 씹어보며 알게 되는 아침과 저녁, 차고 투명한 강물 속에 엎드린 아득히 잊었던 얼굴, 온순하게 웃는 아이들이 바람으로 흔들리다 눈자위가 자주 붉어졌다 삶은 늘 비탈이 져서 돌아서고 싶었다

얽히고 뒤집히고 외롬끼리 뺨 부벼 살아도 살아 있는 것들에선 끊임없이 수분이 증발했다 숨겨도 가난의 열꽃은 더 타올랐다 케이씨! 흰 쇠빗장을 조금씩 조금씩 흔들며 죽음을 생각한다 늦은 밤 후미진 골목을 휘적휘적 나선다 비껴가리라 맞서지 않으리라 속으로 휘감았다가 삐걱이는 몸 귀퉁이, 등줄기 파고든 바람 걸음조차 무겁다 벌써 몇 달째인가 쌓인 월세가 절해고도 같아서

캄캄한 집 케이 씨, 저 혼자 아름다운 풀꽃과 마주앉았다 추적추적 끊임없이 비가 내리고 두 손을 버리고 몸을 버리고 이름을 버리고 불타는 것은 모두 버리고 집 없이도 즐겁게 날아가 버렸다

유월의 별
— 석정 윤세주 열사

청보리가 아름다운 유월이었네
나를 관통하는 초록, 반짝이는 눈동자들이 부끄러워 나는 자꾸 눈이 붉어졌네 꽃 진 자리마다 딱지처럼 아프게 잎이 돋는데

— 누구도 탓하지 않았기에 나는 그 침묵의 뿌리까지 걸어 들어가 홀로 아프네

나, 유월에 태어나 유월에 사라졌지만 어둠 속의 별이 되었네 요절을 부추기는 바람의 손을 자꾸 뿌리쳤네 눈물을 풍장하고 마음의 행방을 물으며 나는 차라리 세상 속으로 함몰되고 싶었네

아직 죽지 않았지, 이 세상 머물기는 42년에 지나지 않았으나 붉은 태양이 유배당했던 땅에서 저렇듯 성큼 왔네 산 가득 스며든 비릿한 피내음을 천천히 들이마시며 나는 꽃잎처럼 세상 밖으로 무너져 내릴 것 같았지, 울지 마라 얼어붙은 것이 녹을 때에는 누구나 그렇게 마음이 찢기는 거야

〈

　나는 먼 길을 돌아온 수행자, 다시 의열 속으로 들어간다네 아이야 누이야 내 고향 밀양으로 돌아와 서로 웃으며 얼굴 닦아 줄 수 있을까 이제 내가 타는 빛으로 세상은 다시 환해지고 내 이름 석 자 수놓아도 죄^{罪} 되지 않을까, 이 유월에

물도리동 연가

아랑아 어디로 가려나 영남루 대밭 사이로 가지 마라 눈물의 달빛 저승길임을 아는가! 노랑제비, 애기똥풀, 소리쟁이, 광대나물이 꽃문을 여는 봄이면 순금 빛 입술 몇 개가 소나타를 타다 웃는다 아리아리랑 아리아라리오

무봉사 새벽종이 멀지도 가깝지도 않은 간격을 놓을 때 흔하게 들려 귀함을 몰랐네 언제나 곁에 있어 물과 떠나보낸 후 기다린 줄 알았네 몸이 타면 빛이 일어 그 몸빛 누가 담금질해 너와 나 나뉘었다가 동그랗게 만난 곳, 오늘도 여기서 저기로 걸어가는 사람들 보인다 아리아리랑 아리 아라리오

남천강 수면 위에 쇠오리, 흰뺨검둥오리, 논병아리, 넓적부리청둥오리, 검은물새, 왜가리, 백조 무리들 비어 있는 뱃속에 울음이 가득하네 울면서 국경을 넘어온 그들, 강물의 출석부에 스스로 이름을 또박또박 적고 있네 어제 새들이 내려앉을 때 파르르 몸을 떨던 강물이 오늘은 새들의 발목을 가만히 잡고 있네 아리아리랑 아리 아라리오

바람도 중력 앞에 휘청대는 겨울 솔밭은 웃자란 그림자 탓에 숨만 가빠지네

소나무 벚나무 긴 겨울 장막을 찢는 야호! 소리 너머로 시간은 나를 매달고 똑, 딱, 똑, 딱 흔드네 한때는 전부였고 하나였던 너와 나, 잊어라 나 사랑한 거, 너 있어 나 빛났던 거, 가거라 우주 틈으로 강물에 몸을 맡긴 채 그냥 가거라 아리아리랑 아리 아라리오

바람의 골목

여기
바람 부는 골목을 걸으면
그 길 한 모퉁이에서 문득
마주 오는 당신을 생각합니다
처마의 벌집들이 몸부림치며 날아간 자리
말갛게 남아 있는 하늘과
순한 눈에는 이슬 한 방울로 둥실
떠오르고 마는 하늘과
안녕, 안녕하였지만

여기
이곳에 들어서면
땀방울 씻어주는 유일한 골목길
그리움은 더 나가지 않습니다
이국의 젊은이들 다소곳이 담뱃불 껌벅이는
양면은 소리 없는 길

골목은 생^{生}보다 앞서 있고
한 시간 혹은 한 생애 두고

골목길은 언제나 바람보다 앞서 있습니다

아침은 언제나 어둠보다 앞서 있고
이미 떨어진 꽃잎처럼 꼼짝하지 않는
묶인 골목에 묶인 당신과 나는
넝쿨 장미 위의 햇볕과 바람입니다

강변에서

걸었다 모른 체 해온 것들이 자꾸 따라온다 나를 당신을 밀고 당긴다
어떤 긍정이나 어떤 오해도 그늘을 기른다 강으로 들어서지 못해 강변만 돌고 마는 그리움이 지금 꽃잎 감염 중이다

논골담길*

언덕 위의 길들은 돌아갈 줄을 안다 파도 소리 맑으면 햇볕이 좋았다 그물에 걸려오는 것은 그늘 한 조각이었다

이미 새벽 경매로 비린내까지 팔려 버린 바다, 햇볕이 든다면 어디든 좋았다 바다, 햇볕, 바람을 만나야 했다 소금 뿌리는 사람의 손길이 있어야 했다

노인은 한평생 노래와 함께 살았고, 손자들에게 보낼 오징어를 말렸다 "다시 한 번 그 얼굴이 보고 싶구나" 동해 어부가 죽은 아내를 그리는 노래를 불렀다

---

* 논골담길 : 강원도 묵호항의 예쁜 벽화마을.

버찌에 대한 고찰

　아무도 살지 않는 집 마당에는 개망초만 피었고, 담장 위로 우글우글한 후박 열매와 방금 익은 듯한 빨간 앵두가 보인다 지나가는 당신에게 괜찮다며 빈집의 바람만이 검은 창을 훑는다 사람이 없어도 그림자 가득한 울 안의 정경 속에 버찌와 앵두 열매는 서로를 밀어내지 못한다

　빈 것은 여유와 허함의 중간쯤이라는 것을 눈치채지 못했다 마당 가장자리 늘어진 벚나무에 올망졸망 익어가는 버찌가 빈집의 고요를 터뜨리고 있다

　먼 시간을 견딘 집은 지금이라도 바싹 부서져 버릴 것 같지만, 이미 묶인 마당은 떨어져 피멍 든 버찌와 어지럽게 흩어진 햇살을 쓰다듬는다 그래도 씁쓸한 당신은 왜 말이 없는가, 혼자서 지켜내는 사랑은 얼마만큼인가, 버찌 퍼렇게 멍든 자위가 이토록 붉어지면

　당신의 봄날이 간다

죄(罪)
– 여름은 간다

난생처음 기러기 먹고
온몸에 돋아난 꽃
귀에 핀 간지럼 꽃, 꽃, 꽃
사랑이 지고 여름은 간다
각막에 드리운 어둠 꽃 몰라 헤매다가
돌아온 새, 북극이 아닌 이곳
어리석은 행동에 열꽃을 택배로 보냈나
사육한 새는 다 먹어도 되나
부위별로 찢어져 우는 네 울음
죄악인가 온몸에 붉은 꽃 핀다
아파트 사이 실룩이는 저 여름
아쉬워 마라 우리 앉은자리 끝없는 묘음
허물을 주렁주렁 달고
어디로 가나
보이지 않는 기러기 떼

2부

대나무

여태껏 멍했다
위아래 마디마다 슬펐다
오늘 또 쓰라리다 마음에 구멍이 났다
비어서 텅 비어서 제 몸속에 바람을 지닌 너
갈지^之자 푸른 곡을 붙여
별의별 소리로 울었다

감꽃 마당

이마에 흉터 달고 사는 딸
그 자국에 팔자 셀까 봐 "네 서방 잘 챙기라며"
생일 아침에 걸려온 높은 음성
불편이 끝내 불구의 기억이 되어
몹쓸 예감의 확인이 되었던 것입니다

감꽃 떨어지던 여섯 살 여름날
울 아버지 마당에서 개구리 굽고 계셨지요, 그때
축담에서 뛰어내리다 돌부리에 걸린 이마
앞 동네 술도가 옆 왕 의원이 감꽃 실로 꿰맸는데
소리 한번 지르지 않고 눈 감더라는 엄마의 칭찬
"대갓집 맏며느리로 시집가 처신 받고 살 거라"는
그 말이 안개 같은 거짓말이 되지 못하고
운명이 되어 버렸습니다

온몸에 파문처럼 돋던 소름 문지르며
척, 척하며 살아냈습니다
해마다 감꽃 떨어질 무렵이면
월산리 정주마 333번지 장관 아재 집 앞마당 불러놓고

살그머니 흉터를 끄집어내기도 하였지요
흉터란 그런 것 아닌가요 더는 아픔을 견딜 수 없지만
분명히 아팠던 날 기억하라는

안국사*

비비새가
온 산을 목 안에 넣고
오줌을 갈겨대도 모르는
높고도 높은 땅에 앉았다

산 중의 예기치 않은 산돌림을
시래깃국에 말아 먹고도 배가 차지 않아
안개 퍼 올린 골짝에 빠져 버렸다
어디선가 들려오는
아바의 I have dream
층계 올라 둥둥
구름 망치 가슴 두들긴다

무주골 휘감은 저 소리
지옥인가 극락인가?
한창 산 넘어가는
초겨울 해,
풍경은 어디 가고 되울림만 산 노을에
태점을 찍고 한 점 수묵화를 펴 놓았다

〈
하늘 밑 가장 높은 땅에
가부좌 틀고도
무엇이 아쉬웠나
허리마다 칭칭 인연을 달고
내려가 봐, 거기 누가 있었나

* 안국사(安國寺) : 전라북도 무주군 적상면 적상산(赤裳山)에 유일하게 남아 있는 고찰. 거의 산 정상에 있으며 우리나라 절중에서 가장 높은 곳에 있는 절이다. 승병들의 숙소로 사용되어 안국사라는 이름으로 불렸다.

다시, 무진이

무진아, 나는 밤 열차 타고 펄펄 가고 싶다

식목일에 종남산* 동쪽 자락에 심었던
어린 버드나무 한 그루 얼마나 자랐을까
끈적끈적한 세월의 미로를 돌아
얼굴 한번 마주친 적이 없는데
마음속 밤 열차는 봄꽃 속으로 달려간다

돌아올 곳은 없어도 기억이 남는다고
그림자와 함께 흔들리며 언덕길을 오른다
어깨를 감쌌던 처마들 듬성듬성 자릴 비운 여고 동네는
식당 설거지통처럼 어지럽고
깨진 유리 창문을 포장 테이프가 간신히 붙들고 있다
우리가 두고 간 온기는 어딜 갔는지
산동네 사람들 겨울나무 가지 사이로 긴 여행을 떠나고
이젠 누구도 저녁밥 냄새를 함께 맡아주지 않는다

〈
나이테의 중심에 갇혀 살던 무진아
초침처럼 빙빙 돌던 나는
지금은 댕그랑 댕그랑 울고 있다
서로의 동심원이 먼 허공에서 잡았던 손을 놓고 마는
지금은 홀수의 계절
다부진 그리움 하나 기웃기웃 일어서는 소리 들린다

* 밀양여고 뒤쪽에 있는 야산, 예전에 사금을 캤던 광산이었다.

새깃유홍초

누군가를 기다립니다
그대는 움직이지 않습니다
늪 속을 유영하던 때가 있었지요
피는 그 순간이 아름답던 때
추락하는 것들로 몸살 앓을 때
수몰 지구에 분화구를 만드는 저는
거친 타인의 눈길에 백기를 들어야 했습니다

그대 붉은 몸 앞에서
저의 고백이 무슨 소용이 있겠어요
볼수록 바라만 봐야 하는 그대여
이제는 잊으려고 누르고 눌러 봅니다
잡초보다 더 강해지는 심홍빛 입술,
그렇게 다시 피어날 줄 몰랐습니다

감 씨

독 안에 푹 삭혀 먹던 푸른 감 맛
그 씨를 씹어보면 알게 되는 시간이 있다
시냇물 흘러 강으로 스며드는 시간과 같고
제대로 여물지 못한 젊음을 떠나보내는 시간과 같다
비껴가리라 비록 비겁한 삶이라도
맞서지 않으리라 감이 익어 씨가 여물어도
비바람에 맞서지 않고 조용히 입 다물고
숨죽여 빛을 맞고 속으로 휘감았다가
그대 술 냄새 같은 시간이 오기 전 떨어지리라
소리 없이 떨어져 누군가의 몸속으로 들어가리라
들어가 되새김질하다 가을빛 여물은
내 사랑 같은 씨알 하나 낳으리라
음력 팔월 스무날 그대 손톱에 뜬 하현달 같은

문화 골목

그녀는 화가
강아지 향이와
기타 맨 하라와
커피 굽는 붉은 태양
사진 찍는 돈가스 공업사
노래하는 사진관 광석 씨 부부
모여드는 친구들
여기서 논다
강연을 그림 전시를
수요일이면 음악회를 여는
이곳 재미난 골목에는
재미난 살롱이 있다

오래된 미래라는
선생님, 포크송 가수 권나무
퓨전소설을 쓰며
피아노 치는 데이드림
전국에서 모여드는
이곳의 밤의 시작은

김해의
문화 골목

하루해 지고
피곤에 지친 사람들
커피 향에 피로를 풀고
문화에 물드는 눈빛과 귀
그녀 해맑은 모습이
산다는 것은
논다는 것

김해시 금관대로1364번길
어둑한 골목길
내외동 잼사에는
오늘도
우주가
손을 내민다

유채밭에서

이봐요, 저기
노란 아기 태어나고
초록 아기도 태어났어요
울 엄마 꿀 따러 가시고
아가들만 모여
옹알이하네요
흰나비 다가오면
간지러
간지러워요
착한 꽃이 되어요
첫사랑 눈빛이에요
부르면 달려와 줄 것 같은
환한 손짓이에요!

순간瞬間

해를 집어 먹었다는
그 남자가
의기양양해 돌아온 아침엔
그리움인 듯 물소리 흘러들었다
아이들 쑥쑥 커가는 재미랑
멀리 보낸 씨앗 돌아온 반가움이랑
식탁으로 몰려 댕글 거리는 아침에
따뜻한 비늘이 돋았다
무지개가 그려졌다
그 광경을 바라보는 내 그림자가
반대편에서 순간 울먹이기도 했다
타원형의 기쁨이 파르르 떨리기도 했다

봄에

떡집 송편 앙꼬에서
동백꽃 피네
내 눈물도 뚝뚝 떨어지네
저녁 귀신 달래랴 떡 그릇 들고 오는 이 봄,
자동포장기 구멍에 동백꽃 잘리고
내 사랑은 이미 물구나무서 있더라
봄아, 그만 붉어라
떠난 사랑은 다 귀신이더라

해천^{垓川*} 에서 길을 찾다

물길이 그늘을 살찌우는 걸
이제 알았습니다
내일 내이동 샛길,
700여m 해천 주변을 따라
항일 독립운동 테마 거리를 걷는 지금
낡은 상가 건물 벽면마다
영남권 처음 독립운동으로 꼽히는 3·13 만세운동
항일운동 관련 13개 주제로 한, 밀양의 독립 운동사를
한눈에 볼 수 있는 벽화와 조형물을 설치한 거리에
이제 봄이 깊숙해졌습니다

해천 물가에 수놓은 꽃잔디
부들의 대화는 물바람에 흔들흔들
한적한 거리에 송화는 분분 흩날립니다
"세상에 분노한 것인가요"
무엇이 우리를 그토록 그립게 하는 것인가요
이 봄 다 가기 전
김원봉 의열단장, 윤세주 열사, 박차정 의사
황상규 선생, 을강 전홍표 선생, 이장수 선생 등

독립운동가의 생가터가 자리 잡은
여기서 숨결을 느껴야겠습니다

독립투사!
부르기만 하여도 먹먹합니다

참으로 부끄러운 저는
해천을 걸으며
바위의 무게를
깃털 하나로 압축하여
글을 쓰려 합니다
아슬아슬하게 시대를 살다 가신 영령 앞에
심연에 가라앉은 차마 붙이지 못한 말을
태극기 나무에 매달고
희망우체국에라도 넣어 볼까요

나도 몰래 마음 뿌리내린 곳
풀들의 마음속까지 적시는
가다 말고 머뭇대는 길

끝이랄 것 없는 끝, 해천을 마당에 불러 앉히고
오늘 우리 사는 얘기 조금은 해도 되겠지요

* 밀양 해천은 조선 성종 10년인 1479년에 밀양읍성을 외부 공격으로부터 방어하기 위해 만든 너비 5.9m의 인공하천이다. 이 '해천'은 밀양시가 도시화하면서 1993년 콘크리트로 복개됐다가 지금은 내일동 북성사거리에서 밀양강을 잇는 700m의 폭 16~20m 생태하천으로 완전히 복원됐다.

시詩

너에게 쓴 내 마음이
일생이 되었다

저 모퉁이를 돌면 뭐가 또 있을지 모른다
하지만, 나는 너의 생각을 화학한다

어렴풋한 증오는 그림자를 남겼고
그리운 것들은 멀리서 잠잠 거렸다

쓰레기더미에서 희망을 줍는다면
나는 너를 얼마 동안 품어야 하는가

"詩를 써야 詩詩해지느니라"

꾀꼬리단풍

붉고 노랗고 알록달록한 사람
그 사람이 자꾸 나를 살고 싶게 만들어요
당신은 나를 다시 살아나게 해요

산물

위에서 아래로
흘러내리기는 쉬웠어
아래에서 더 아래로 흐르다
여름날 바람의 탁족에
사람들이 몰려왔지
만장대에서 호계천으로
4차선도로 인도를 따라
흘러 흘러서 왔지
산에서 받은 무한한 사랑
마을에 당도하니 푸대접이야
약품을 섞고 걸러내고
야단법석 인간들아
애초에 나는
태산을 먹여 살린
만장대 정화수라네

3부

예감

아파트 옆길 걸어오다 손등이 서늘했네 백열전구 빛 햇살이 어느새 짧아져 해거름이 집으로 가네요
　나뭇잎 사이 찰랑찰랑 분명 햇살 테두리 보이고 찬란한 순간이 사라졌다가 나타나기도 했지요
　한낮은 폭염 중, 곧 쓰러질 화염 덩어리 사이로 꽃무릇이 눈짓을 하였지요

혜윰 길

"하늘 문이 열리고
그들의 사랑은 다시 이루어지리라"

한세월 지나
회현리 패총 가는 골목길
먼저 걷게 된 혜윰 길
혜윰은 생각의 순수 우리말

내 아이들 여기서 자라 어느새 떠나고
봉황대 주위에
혜윰 길 마루 길 다솜 길이 생겼다

회현동 주민 센터, 봉황대 유적지에
생각하며 걷는 사색의 길이라는 혜윰에는
사랑의 자물쇠를 거는 곳이 있다
아직 걸려 있는 자물쇠는 없지만
하늘 계단 지나
하늘 문 통과하면
하늘의 두 영혼

사랑은 다시 이루어질 것이다

세상에서 가장 뜨거운 길
숨 멈추고 지나가는 길
바람 불면 생각나는 길
밤이 고백처럼 스며드는 길
비파 열매가 노랗게 익는 길
우리가 자나 깨나 그리운 곳으로 가는
생각하라는 길
마지막 사랑을 기다리는
길이다

가야로515번길

여기 살아보려고
날아든 날이 어느새 아홉 해
공기 좋아 기관지병도 완치된다는
만장대 성조암 아랫골
한 시절 산 아래에 초가집 짓고
밭농사 지어 오순도순 살았다는데
세월 흘러 26층 한덕타워
즐비 즐비 롯데케슬
앙 가슴이 답답하구나
길 건너 고가 지붕 청매실이 사라지고
편백 가구 사장님 색소폰 소리만
수많은 차바퀴에 튕겨 나가네

여기는 가야로 515번길
이삿짐 싸고 떠나던 날
10년도 못 살고 가는 설움에
눈물 찔끔 나더라
다시 못 올 것 같은 예감 때문에

아침이면 산새 소리 합창에 귀를 열었지
수없이 들리는 비행기 소리 버리고
오르막길 따라 9년을 올랐던 가야길

늦가을 신어산

기르지 않습니다
허리를 찌르는
한 손가락,
물음표로 하늘은 와서 멎고
말하지 않습니다
나무는 갈바람에
추워, 추워
몸 비비며 껴안습니다

자라지 않습니다
차츰 허물어져 나무 밑에 눕는
이 산의 흙
이 산의 단풍

산은 깔깔거리고
햇볕은
저 혼자 무르익은 물푸레 턱밑에서 차고 돌지만
살아 있는 것들은 숲이 되어
외따로 있습니다

〈
잊지 않습니다
잊지 않아도 빛납니다
한 그루 신어산 팽나무는
스스로 제 불길을 끌어안고
숲에 갇힌 우리는
온몸이 뜨겁습니다

포인세티아

   화려한 날개에 가려 내 얼굴은 보이지 않습니다 지나가는 사람들, 스쳐 가는 바람은 모릅니다
   머물러 보아주세요 작은 내 얼굴을
   햇살은 나를 바라보고 매일 눈길을 주시지만
   사랑하는 그대는 보이지 않습니다
   추운 겨울이 왔습니다
   화려했던 단풍도 길거리를 풍미했던 은행잎도
   이젠 거리를 헤매지만
   따뜻한 그대 눈길 받으며
   나는 한겨울을 살아갈 것입니다

금시당

그대 뿌리로는 이 길 갈 수 없어
웅천 강물 따라 여기 왔습니다
목백일홍 빛 한 잎 두 잎 스러져 가는데
강 건너 철길에는 KTX 지나갑니다
저 홀로 적송 향해 한 생각으로 서성입니다
한 시대 그늘진 넋이 추녀 끝에 고였습니다
세월 짙은 은행나무 속으로 슬픔이 끌려가고
부신 눈 시선 밖으로 지붕의 폐허가 빛납니다
초승달이 떠 있는 밤, 천애의 수렁 속으로
늦여름 밤 적막이 울먹입니다
산다는 것은 살아내는 일이라고 이 계절은 말합니다
어둠 묻힌 저 산에서 느리게 실려 오는 얼굴
개망초도 하얀 어깨 들썩이며 무너집니다

무위암*에서

마치
풍경화를 건드린 것 같네

반야에 취하셨나
지영 지은 스님 참 은은하네
라일락꽃 뭉치 건네주신 마음 – 눈이며
잘 달인 엄잎 차*에 비친 미소년 얼굴이 빙그레
그래 여기선 나 잠시 우바이네

손수 먹물들인 자비옷에 묻힌 저 얼룩 보라
절집 살이도 사는 일이라 젖어 계신 비구니
초록보다 더 푸르른 청춘을 내어 걸고
누가 이 빈 골짜기에 젖은 옷을 말리나

암자에는 풀꽃들이 느낌표로 피네
나팔꽃 조막손들이 눈 뜨라, 뜨라 하고
"머언 산 청운사"가 바로 여기가 아닌가요

〈

 저녁에 우우 대는 풍경 소리와 빨간 보리수는 저절로 떨어지는데 기억 속 말 없는 당신은 수없이 피었다 지네 아슬한 시간을 두 손으로 꽉 잡으며 무너지지 않겠다며 버티던 나날들, 뱃속의 늙은 이브가 열매를 먹네! 쫓아내지 말아요 둥글게 품어 줘요 한 생각이 별빛 되어 창밖에서 서성이네 무위암*은 마치 풍경화를 건드린 것 같네

* 무위암(無爲庵)은 경남 김해시 상동면 감로리에 있는 절.

미술 시간

넷째 시간을 죽여요 크레파스를 버려요
흰 도화지마저 찢어야 해요 앞에서 앞자리 뒤에서
뒷자리에서 피어오른 무지개 비가 내려요
아이가 일어나서 나무 도시락을 열자 빨주노초파남보
밥을 먹지 못하는 아이가 있어요

생각을 화학해요 행복한 쪽으로 나를 가져가요

열두 색이에요 이 색으론 집을 다 칠할 수 없어요
삼원색이 되지 못하는 나는 무거워요

멀미가 나요
빨강 노랑 파랑 초록색이 뒤섞여 마룻바닥에 떨어져요
보자기를 뒤집어쓴 아이가 비명을 질러요
나는 밥을 먹지 못해요
위장이 뒤틀려요 목구멍이 좁아져요

아이 눈앞에 자꾸 펄럭이는 오방대
거품을 물고 쓰러지는 아이

나는 별별 별 색깔을 다 보네요

미술 시간을 없애면 좋겠어요
그것도 점심 먹기 전 넷째 수업
무채색 색칠은 없나요

다 자란 아이의 기억이 부유하면
일어나 흔들리는 오방대
멀리 던질수록 초롱한 슬픔이
아이 이마에 떨어지다
얼굴에 번지다가

가을 역

   시월의 마음에는 터미널 같은 저녁이 있다 잠행의 백미러로 멀어져간 기억들, 있어도 없는 보이면서도 보이지 않는 비밀 종교 같은 오래된 침묵 하나가 호통친다
   깊은 밤 지나가는 기차 소리, 귀 먼 저 멍에* 역이 새벽을 열면 내 잠의 집도 헐리려나, 쓸쓸히 혼자 서서 수척한 플랫폼에 생의 속도 내려놓고 완행열차나 기다려볼까

   누구는 멋진 병에 걸려 돌아다니고 누구는 못나서 울안에서 뱅뱅 돈다고 하자, 나와 너의 게임은 다의적이지 않았지, 안전선 밖으로 물러나 무책임한 허공을 읽는 거지, 지친 나에게도 의식이 은밀히 진행되지
   전화번호와 이름을 걸고 세상에서 가장 뜨거운 나무가 되어 가지, 한동안 슬픔에게 배운 글자엔 홑받침이 많았지
   시가 되지 못한 글자는 팝콘이 돼 버렸지

   밖으로 나간 눈동자가 창문을 들여다보네

내 절망에 희망을 달아 주는 사람
아득해서 이제는 꽃으로도 멀어지지
"시월의 어느 멋진 날에" 우리 뭘 하는 거지
바람처럼 여기 내리세요
눈빛마다 불이 붙는 가을 역 곧 도착합니다

* 밀양역 근처 멍에실 마을.

공진문을 지나며

　김해시 구도심인 동상동에 옛 김해 읍성 북문이 있어요 읍성의 사대문이 일제강점기 읍성 철거정책에 따라 사라졌다가 2008년 3월에 공진문控眞門만 복원됐지요 읍성의 사대문인 해동문, 해서문, 진남문, 공진문 중 유일하게 남아 있는 북문 옹성에 겨울바람 길게 부네요 바람 따라 시간이 들어가고 어둠이 힐끔거리며 뒤를 따라요 너덜너덜한 옛이야기를 해볼까요 바다가 꿈틀거리고 찢긴 상처들 사이로 왜구들이 거슬러 올라와요 속을 잘 드러내지 않는 당신은 피신처가 필요해요 그곳에 풍덩 빠지면 몸을 숨길 수 있겠어요 구멍 난 곳에는 시냇물 끌어다 덧대고 우물도 퍼 올려요 찢긴 그대 가슴도 촘촘하게 씻어줄까요 그래도 흔적은 남게 돼요 동상동 주택가 속에 복원한 문화재 북문 넓은 해자에 물고기들이 뛰어노는, 그곳에서 우리 희망을 품어요

김태원 거리

김해 시내 한복판
동상동 서상동 일대는
언제부턴가 이곳을 김태원*이라고 부르지요
두 번째로 중소기업이 많은 도시 김해
공장의 일자리 따라 들어온 1만 9,000여 명의 외국인 노동자들
버려진 꿈들이 모여들기 시작했지요

골목마다 폐허처럼 버티고 있는 여인숙은
이제는 떨어질 바닥이 없다더니
임대료 저렴한 이유로 그들 잠자리로 날았고
시장 주변에는 슬금슬금 상권도 이뤄가네요
생필품 사러 재래시장으로 모여들던 휴일도
경기 불황에는 어쩔 수 없나 봐요
감원이 하나둘 늘어가며
공장이 문 닫는 소리
더듬더듬 상가에 몸을 밀어 넣었어요
사는 건 죄가 아니라서 거리도 살고 싶었나 봐요

〈
116곳에 이를 정도의 업소마다
운영하고 고용된 눈 깊은 사람들 속삭임에
우리가 더 낯설어 종알대는 거리
세상의 낮은 곳 쉬지 않는 상점들이 살피는 곳
여기는 김해의 이태원이라네요
어제는 시장 골목에서 가벼운 눈인사를 건넸어요

가난과 청춘을 삶아내던 가마솥 위로
순대가 똬리 털며 반기던 그 골목은 말이 없네요
김해에서 가장 부자였던 D 산업 김 사장님, 조카 시인 김 00
이북 출신 포목 집 친구 엄마는 떠나셨지만,
30여 년 넘게 뚝심으로 자리한 사람들이 사는
동상동 시장, 이제 이주민자와 힘을 합쳐
'아시아 관광시장'으로 키워나가야 겠지요

가까운 발자국들은 먼 곳을 향하지만
동상동 한 골목의 담벼락에는

외국인 거주자들이 각기 제나라 풍경을 그렸어요
푸르게 자정해야 할 핏빛 시간을 견디다 보면
각지로 흩어졌던 샛길들도 여기로 흘러오겠지요

2000년 전, 인도에서 건너온 허황옥과 김수로왕이
인연을 맺었던 '가야의 땅'이니까요

* 김태원 : '김해의 이태원'이라는 뜻.

권태

당신은 올빼미였다
그의 입에선 죽은 말들이 중얼중얼 기어 나오고
우리가 떠들어도 눈만 동그랗게 뜨고 있었다
분필과 아르키메데스의 원리와 세상의 모든 법칙을
사랑하지 않던 그는 언제나 밤의 저쪽을 물끄러미
쳐다보고 있었다 그의 주름살은 희고 굵어서
어둠 위에서 떠돌았고 그는 그의 밤중을 아무도
초대하지 못했다 그는 굽은 가지 위에서 식욕 없이
내다보는 한 마리 올빼미였다

위양지 이팝나무

우리는 그냥 갔다
동네 후미진 곳도 아닌
마을 초입에 서 있던
할머니 나무 한 그루

흰쌀밥이 가지를 덮고
서럽도록 모가지를 내민 표정은
제비 새끼 주둥이 같았다

문득, 엄마 모습과도 같은
유년의 정지간이 서 있고

또렷이 박힌 가시내 웃음소리
팝콘 되어 후르르 떨어졌다

인간 띠, 아리아리랑

"평화를 바라는 분들
모두 비무장지대(DMZ)로 와주세요"

밤이나 낮이나
제 발자국이 자라고 있네요
금단의 땅,
지구상 마지막으로 남아 있는
한반도의 여기
직접 걸어볼 수 있는 길이 열리네요
2019년 4월 27일, 분단의 종착점이자
평화의 시작점인 이곳 비무장지대(DMZ)에
'분단의 벽을 허물어 내자'며
사람으로 잇는 '디엠제트평화인간띠' 운동이네요
우리의 손과 정성, 열망, 염원을 모아
한반도 평화를 일궈내자며
강화에서 강원 고성까지 비무장지대 500㎞ 구간을
 시민 50만 명이 1m 간격으로 서서 손을 맞잡고 아리아리랑
 인간 띠를 잇자는 민간 주도 평화운동
 우리 모두 통일로 가는 길을 향하여 아리아리랑

4부

엄마와 바다

철마다 양식을 내어 주는 바다
언제나 다정할 것 같은 바다는
엄마에게 거친 물결자국을 안겨 주었다
거친 숨비소리가 생명의 양식이 되려면
망망대해 모진 고통까지 안고 와야 했다
물 아래로 내려가 밥도 해 먹고 올 것이라는
물질 잘하는 엄마는 줄잡아 100번이 지나
겨우 해녀를 알게 되었다고 한다
"어우 대단하다" 정도가 아니라
엄마 그 이상의 의지가 있어야 했다
바다의 유산을 끌어 올리는 위대한 엄마
오늘은 렌즈 안에서도 당당하다

바다라는 이름은 이것저것 다 가리지 않고
다 '받아' 준다는 큰 뜻이 있었다는 걸 엄마는
알았을까, 아니 이미 알고 있었던 거야

송현이를 만나다
−비화가야 소녀 송현이

낭랑 16세 소녀는 아마 꿈이 많았을 거예요
어쩌면 사랑하는 남친이 있었을지도 몰라요
굴러가는 낙엽만 봐도 까르르 웃었던 소녀는
어느 날 "주인과 함께 묻혀야 한다"는
명령을 받았어요, 도망갈 수도 없고 거부할 수도 없는
지엄한 명령에 송현이는 고개를 떨구고
눈물을 흘렸을까요
비화가야의 고분군에서 천년을 넘게 잠들어 있다
다시 태어난 송현이를 오늘 만났어요

부족 연맹체였던 가야, 잃어버린 고대 국가 가야가 부활하네요
1,500여 년 전 16살의 나이로 비사벌*과 함께
순장*된 소녀로 다시 태어난 가야 소녀 송현이!
어린 나이에 땅속 깊이 잠들어야 했지요

무덤이란 어떤 곳일까요?
아무것도 보이지 않는 희미한 안개 같은 것에
둘러싸인 막막한 공간인가요
그 속에 누워서 바람에 부대끼고 비에 젖으면서

천천히 삭아 갔겠지요
내가 살았던 흔적은 이 세상 어디에도 남아 있지 않겠지요
숨이 끊어지고 나면 넋도 바람결처럼 풀려
허공으로 사라지는 것인가요
오늘따라 비화가야의 노을이 붉네요
난 다시 이름을 얻었어요
송현리에서 순장된 채로 발견됐기에
나를 송현이라고 부른대요
내 몸은 발굴된 뼈대를 디지털했지요
복제 뼈를 만들어 여러 차례 복원과정을 거쳐
키 153.5센티, 허리 21.5인치의 가녀린 몸매의
여리고 작은 소녀로 다시 태어났어요

나는 불행하게도 마지막 순장의 희생자
그래도 얼마나 다행한 일인가요
이후 순장제도가 없어졌다고 하네요

* 현 경남 창녕. 창녕지역에 있던 가야국을 비화가야, 비사벌이라고 부른다.
* 문화재청 국립가야문화재연구소에 의해 복원.

코로나 19

언제 이렇게 그대가 다시
눈앞에서 읽히는가?

비로 불어난 강물 보러나 갈까
밤 9시 너머
기차 밖은 어둡고 기차 칸은 불안하다
흔들거리는 대구행 기차 타고
그대가 없는 공간으로 간다
잠시 후 정차할 기차 안에서
텅 빈, 가장 긴 선은
최초에, 가장 짧은 선*
그대를 과감하게 내려놓고 와야 해

* 에드몽 자베스의 〈예상 밖의 전복에서〉

하얀 춤

눈알이 팽팽 돌아가는 오후 4시 집으로 가는 길, 하루는 절망이 더 춤추고 있었다 소문난 잔칫상 먹을 것 없다는 말은 말도 안 되는 소리였다 소리는 소리를 더 키우고 비판은 외로움을 쏘아댔다

사람의 잣대로는 그럴 수밖에 없는 거냐며 술술 넘겨 버리면 그만, 한사람 얼굴을 떠올리며 함께 손잡고 가자는 의지가 더 팽배해지는 시간이었다 손에 물 마를 날 없는 이의 전화 속 하소연도 들어줘야 했다 어찌어찌 잘 안 되어 늦었다며 미안함을 전하는 이의 솔직함도 인정해줘야 했다 내 하얀 춤이 전해져 동심원이 된다면, 이걸로 만족할 것이다 어차피 대가를 바라지 않았기에, 좀 쓸쓸해져도 좋은 시간이었다

우리가 물이 되어 만날 수 없듯 우리가 물이 아니고는 물의 근원을 알 수 없다 희망*이 머리채를 붙잡고 흔들 때 그 모욕을 견딘 것은 그마저 놓으면 살 수 없기 때문이다

* 유영금의 '희망에게'

테

　언제부턴가 마당의 구석진 자리만 보이면 꽃을 심고 또 심기 시작했다 빨강 꽃 노란 꽃 초록 꽃이 원을 그리며 그리움의 키만큼 기다림의 높이만큼 연하게 진하게 피기 시작했다 돋아날 것 없는 보도블록 어렴풋한 흙 사이로 솟는 민들레꽃의 반가움 같은 공감이라든가 눈물처럼 잠시 어리다가 들어와 박히지 못한 이 안타까움의 씨앗들이 실팍한 테두리 때문임을 알지 못했다
　총천연색의 팍팍한 내 안을 나와 브람스 첼로 소나타 2번 F장조에 테를 두르고 뒤프레* 없는 쓸쓸한 빈자리에 바렌보임*의 허망한 손짓 같은 내 안을 이제는 막지 않으리라 누구도 정확한 각도를 알 수 없는 사랑, 그럭저럭 맞아서 나사와 조리개처럼 맞물린다 해도 오늘을 이끌어주는 힘의 그대, 비상하는 그대 앞에선 테두리 없이 그냥이기로 했다

* 뒤프레 * 바렌보임 : 첼리스트인 자클린 뒤프레와 피아니스트인 다니엘 바렌보임은 음악가 부부였다가 뒤프레의 불치병으로 이혼을 하게 된다.

모자 쓴 김해

올라서 본다
여름날 아침
만장대
바위에서
당신은 선율인
백조의 호수
나는 노래하는
백만 송이 장미
부러울 게 없는
이 자리
내려다본다
안개 가득 물러난
바위에서
붓을 든 대원군
– 만. 장. 대
그 아래
우리가 살고
김해는
온통
모자를 썼다

지금은 피지 않는다

꽃은 쉽게 피지 않았다
골목에서 소리 없는 길이
담장에 쏠리고
무참히 부러진 가지들이 얼마 동안
깊고 그윽한 폐허를 이룬다
공중으로 뻗은
빗줄기가 동네 가운데서
멈춘다 빗속에서 살 섞은 잎들이
서로를 얽매며 무성히 자란다

유리창을 바라보면
유리창만 한 어둠이 막아선다
어둠은 숲 사이를 떠돌며
침묵한다 단단한 수직이
머리카락 손가락 끝에 삐죽삐죽 엿보이며
책갈피 사이에 숨어 있는
알 수 없는 적敵들을 치우라고 한다

꽃은 부러진 가지들로 인해 얼마 동안 더

피지 않겠다
기다림은 이제 나가지 않는다
옷 속에서 차갑게 움츠린 꽃은 너보다 앞서 피고
한 시간 혹은 한 생애 두고
너는 언제나 꽃보다 앞서 쓰러진다

관찰일기

    싱싱한 비명을 지르며 빨갛게 상처를 벌리던 동백꽃은 안락사를 택한다 하늘은 퍼들퍼들한 생선 비린내가 가시고 떨어지던 햇빛이 하얗게 깎여 정지한다

    숲에는 마른풀들이 흔들리지 않는다 아픔이 마른풀의 혼을 빠져나갔다
    나뭇잎 사이 야윈 그림자를 벗어 놓고 꽃이 가출했다 나는 가서 꽃의 텅 빈 집과 만난다 구김살 하나 없이 반듯하게 행인들은 조명 속에 지나가고 사는 것을 잊어버린 집들이 산만한 꿈으로 길 밖에 눕는다

    강물이 그대의 목소리로 허공을 밀고 간 자리, 말큼은 솔기를 접고 문간에 조용히 앉는다 아픔이 뒷모습으로 떠나간 거리에서 저 길 끝 돌아 우측으로 사라지는 불빛 바라본다 벚꽃 잎보다 가녀린 여자가 떨어뜨리는 눈물 바라보며

    봄은 그저 입술을 닫는다

전화 한 통화의 위력

여러 사람이 축하해주는 그날도
맘 한구석이 허전한 이유를 모를 때가 있지
이해와 배려하는 맘이 지나쳐 결국 혼자
라는 쓸쓸함이 밀려올 때 맘 깊숙한 자리에
균열이 일고 아니다 아니다 하며
고개를 젓는 또 다른 당신의 모습
오늘도 우회하며 씁쓸함 달래며
퍼덕이는 오후 4시

바람이 시원하다고 하지만
행동이 시원한 사람만이야 하겠냐며
소박한 욕심조차 버리고 싶다는 저녁
기대하지 않은 아버지 전화 한 통에 울컥 미어지는 귀갓길
오늘은 꼭 국수나 냉면 먹으래이 그래야 오래 산단다
희미한 음성이 숨이 차다
핏줄의 고마움이 뼈저리던 그날
모두 내동댕이치고 싶다는 울분이
치솟을 때, 약간의 초를 치고 간을 적절히 맞춰 주시던
나의 아버지!

백일초 영혼

'꽃들은 모두 어디로 가버렸나? 소녀들이 꺾었지/ 소녀들은 어디로 갔나? 남편들이 데려갔지/ 그 남자들은 모두 어디로 갔나?/ 그들은 모두 군대에 징집되어 있네.'*

초여름부터 서리가 내릴 때까지 핀다네
화기가 길어 백일동안 붉게 피운다는 꽃,
가장 낮은 몸을 만들어 여러 색깔로 피었네
한해살이식물에도 유행, 흐름이 있다네
이 꽃을 보면 입에서 흘러나오는 노래,
노래에 실려 다시 오는 그녀가 있네
강과 둔치도 사이 여름 내내 줄지어 살아 있는 얼굴 같고
마지막 얼굴인 듯 끝 모를 의문이 생겼네
거기도 시간이란 게 있다면 캄캄한 하늘도 괜찮다고 해줄 게
푸른 하늘의 구름이 살아서 눈물을 떨군다고 전할 게
영혼이란 게 있다, 없다 하면서 그녀 멀리멀리 어디로

한 번도 마주치지 않았어. 무덤은 모두 어디로 갔지
나의 영혼들은 모두 어디로 갔을까…

* 2014년 1월에 타계한 미국 모든 포크 음악의 거장이자 사회운동가인, 피트 시거의 노래 〈꽃들은 어디로 갔나 Where have All the Flowers Gone?〉(1962) 노랫말 첫 부분이다.

백조와 백로

 순우리말인 고니와 왜가리 해오라기, 한자음인 백조와 백로, 우리는 백조가 백로이고 고니가 다른 새라 착각하기도 한다 왜가리가 백로가 아니라 그냥 왜가리라고 스쳐 가기도 한다

 우리 일상은 무수한 한자음과 일본어와 순우리말이 섞여 잘도 굴러간다 유년의 오자미 놀이 줄넘기 구전 노래가 어른이 되어 일본어인 줄 알게 됐으니, 시를 쓰면서 우리말을 잘 골라 쓰다가도 무심결에 쓴 한자음이 수두룩하다

 백조와 고니는 같은 새, 백로와 왜가리 해오라기도 같은 새라는 걸 제대로 분별하지 못하고 살아온 세월이 부끄러워 새에게 경배했다 강물에 강변에 노는 수많은 철새를 바라보며 제대로 이름을 불러주기로 했다 마주치면 도망가는 새들의 습성에 이름이 들릴까마는, 이 새가 저 새 같고 저 새가 이 새 같아 이름을 부를 수 없어, 나는 그저 멍하니 서서 새들만 눈에 넣고 왔다

뉴질랜드에서 보낸 딸의 편지

어느 날 묘목을 심었습니다
어린나무는 잘 흔들리기 쉬웠습니다
물 주고 잘 가꿔야 뿌리 깊이 박히지, 튼튼하지
그러지 못한 새는 때론 나무를 무관심하게 됐습니다
나무는 바람에 흔들려 이리저리 성한 곳이 없습니다
새의 무관심에 얼룩진 나무는
더 강하고 튼튼해져
이젠 뿌리가 깊어졌습니다

"이대로 내 버팀목이 되어 주세요"

나무와 새는 이제 한 가족이 되려고 합니다

'옴'과 '훔'

어머니의 심장 소리 숨소리
우주가 생기기 이전의 소리
우주가 생성되어 돌아가는 소리
시작한다는 뜻을 지킨 소리
완전한 진공 상태를 의미하는 소리
소리 안의 소리
소리 밖의 소리
눈 감고 손 모아도 머리만 굴러가는 소리
그래도 옴 ~ 옴 ~

모든 진언을 마무리 짓는 근본 음이
훔. 훔. 훔.
세상에 이런 아름다운 진언이 있는데
나, 오늘도 시. 시. 시. 거리며 어디로 가나…

무궁화

무궁화 무궁화 내 이름은 무궁화
김해 출신 한글 학자, 독립운동가인 한뫼 이윤재 선생은 일제강점기에 딸 이름을 최초로 한글로 지어 준 아버지
지금은 김해도서관 앞마당에 계시네

"나라를 빼앗겨도 말과 글을 지키면 언젠가는 독립을 이룰 수 있다. 말과 글을 잊지 않으면 감옥의 열쇠를 가지고 있는 것과 같기 때문이다."*
대한민국과 한글을 사랑한 무궁화의 아버지
오늘도 김해도서관 앞마당에 계시네

* 프랑스 작가 알퐁스 도데의 '마지막 수업'에 나오는 말이다.

■□ 해설

고향의 쪽빛 하늘에 물든 서정의 시학

박현솔(시인, 문학박사)

　백석과 윤동주는 일제 강점기라는 시대적 역경 속에서 자신만의 고향의식을 작품에 반영시켜 나갔는데 백석은 여러 곳을 떠도는 존재로서 고향을 그리워하는 작품을 썼고, 윤동주는 먼 이국에서 고향을 상실한 자신의 마음을 고백체로 써내려갔다. 이 두 시인에게 고향은 의식과 무의식의 지향점이자 시적 흐름의 출발점으로 작용한다. 즉 시대적인 아픔과 고향의 의미가 겹쳐지면서 그들만의 독특한 고향의식을 표출하게 된다.

　그렇다면 21세기 민주주의와 자본주의가 발달한 현대를 살아가고 있는 이윤 시인에게 고향의 의미는 어떤 것일까. 먼저 백석과 윤동주처럼 고향을 잃은 경험이 없다보니 고향의 상실감으로 비롯되는 불안감이나 그리움이 나타나지 않는다. 그보다는 고향의 문화와 전통에 대한 자부심이 강하게 나타나는 편이다. 그리고 고향에 있는 가족과 자연과 사물들에 대한 기억들이 긍정적으로 나타나고 있다. 더불어 고향의 근원적이고 일차적인 인간관계 외에도 타국에서 유입된 외국인들과 이주민들의 삶이 자주 엿보인다. 과거의 운명 공동체이거나 단일민족으로서의 연대감이 아닌 글로벌화 된 현재의 고향의식을 내포하고 있는 것이다. 그리고 개발되고 문명화된 현재의 고향에 대한 부정적인 견해도 내비치는 것으로 봤을 때 고향에 대한 무조건적인 포용만이 아닌 여러 부작용까지도 거리를 두고 바라볼 줄 아는 객관성을 확보하고 있다.

이번에 출간하는 이윤 시인의 두 번째 시집 『혜윰 가는 길』은 세 가지의 주제로 나눌 수가 있다. 고향의 역사와 기억을 복원하려는 노력과 이방인으로서 경계를 넘나드는 사람들에 대한 사연과 유년의 기억과 가족에 대한 사랑이 따뜻하게 드러나고 있다. 그리고 시인의 추억 속에 자리하고 있는 고향의 사물들과 자연이 쪽빛 색깔을 연상시키거나 고향의 감 맛이 숙성되는 것에서 사랑의 시간까지 아우르는 독특한 멋을 지니고 있다. 그러한 것을 가능하게 하는 것은 유년의 기억으로부터 시작되고 있으며, 가족이라는 작고 소중한 공동체에서 비롯되고 있음을 알 수가 있다.

1. 고향의 역사와 기억의 복원

    물길이 그늘을 살찌우는 걸
    이제 알았습니다
    내일 내이동 샛길,
    700여m 해천 주변을 따라
    항일 독립운동 테마 거리를 걷는 지금
    낡은 상가 건물 벽면마다
    영남권 처음 독립운동으로 꼽히는 3·13 만세운동
    항일운동 관련 13개 주제로 한, 밀양의 독립 운동사를
    한눈에 볼 수 있는 벽화와 조형물을 설치한 거리에
    이제 봄이 깊숙해졌습니다

    〈중략〉
    이 봄 다 가기 전
    김원봉 의열단장, 윤세주 열사, 박차정 의사
    황상규 선생, 을강 전홍표 선생, 이장수 선생 등
    독립운동가의 생가터가 자리 잡은
    여기서 숨결을 느껴야겠습니다

    −「해천에서 길을 찾다」 부분

밀양 해천은 조선 성종 1479년에 밀양읍성을 방어하기 위해 만든 인공하천으로 밀양시가 도시화하면서 1993년에 콘크리트로 복개됐다가 지금은 생태하천으로 완전히 복원되었다. 시적 화자는 이 "해천"의 역사와 함께 이곳에서 독립운동을 하다가 돌아가신 "독립운동가의 생가터"가 이곳에 자리를 잡고 있는 것을 자랑스럽게 생각하고 있다. 그것은 해천의 역사와 함께 흐르는 독립운동의 정신이 앞으로 우리가 이어가야 할 것이라고 생각하기 때문이다. 즉 해천의 복원은 독립운동가 정신의 복원이며 우리 민족의 독립 투쟁사의 복원이기도 하다.

    김해시 구도심인 동상동에 옛 김해 읍성 북문이 있어요 읍성의 사대문이 일제강점기 읍성 철거정책에 따라 사라졌다가 2008년 3월에 공진문控眞門만 복원됐지요 읍성의 사대문인 해동문, 해서문, 진남문, 공진문 중 유일하게 남아 있는 북문 옹성에 겨울바람 길게 부네요 바람 따라 시간이 들어가고 어둠이 힐끔거리며 뒤를 따라요 너덜너덜한 옛이야기를 해볼까요 바다가 꿈틀거리고 찢긴 상처들 사이로 왜구들이 거슬러 올라와요 속을 잘 드러내지 않는 당신은 피신처가 필요해요 그곳에 풍덩 빠지면 몸을 숨길 수 있겠어요 구멍 난 곳에는 시냇물 끌어다 덧대고 우물도 퍼 올려요 찢긴 그대 가슴도 촘촘하게 씻어줄까요 그래도 흔적은 남게 돼요 동상동 주택가 속에 복원한 문화재 북문 넓은 해자에 물고기들이 뛰어노는, 그곳에서 우리 희망을 품어요

- 「공진문을 지나며」 전문

여기에서 "김해 읍성 사대문" 중 "공진문"만 복원됐는데 유일하게 남아있는 "북문 옹성"은 왜구의 침입과 깊은 연관이 있다. 시적 화자는 "그대" "당신"으로 호명되고 있는 우리 군사들이 왜구와 싸우던 그 상황이 매우 긴박했음을 알리고 있다. 그리고 치열했던 전투에서 심하게 다친 우리 군사들의 상처를 "시냇물"과 "우물"을 끌어와서 씻어주고 싶다는 독특한 상상력을 펼친다. 그리고 이 역사의 현장을 "복원"함으로써 우리들이 "희망"을 품을 수 있기를 간절히 바라고 있다.

회현동 주민 센터, 봉황대 유적지에
생각하며 걷는 사색의 길이라는 혜윰에는
사랑의 자물쇠를 거는 곳이 있다
아직 걸려 있는 자물쇠는 없지만

하늘 계단 지나

하늘 문을 통과하면

하늘의 두 영혼

사랑은 다시 이루어질 것이다

세상에서 가장 뜨거운 길

숨 멈추고 지나가는 길

바람 불면 생각나는 길

밤이 고백처럼 스며드는 길

비파 열매가 노랗게 익는 길

우리가 자나 깨나 그리운 곳으로 가는

생각하라는 길

마지막 사랑을 기다리는

길이다

- 「혜윰 길」 부분

 '회현리 패총 가는 골목길'에 '혜윰 길 마루 길 다솜 길'이 생겼고 시적 화자는 그 중 혜윰 길을 걷고 있다. 그곳은 '내 아이들 여기서 자라 어느새 떠나고' 혼자 남아서 "마지막 사랑을 기다리는 길"이다. 그리고 "자나 깨나 그리운 곳으로 가는 생각하라는 길"이다. 요즘 잘 사용하지 않는 '혜윰'이라는 말은 '생각'이라는 뜻의 순우리말이다. '생각하다'라는 뜻의 옛말 '혜다'의 명사형이이기도 하다. 이러한 의미를 갖는 "혜윰 길"은 제주도의 올레 길처럼 김해시를 대표하는 길이 되길 바라며 조성한 길이다. 그곳에는 고향 사람들이 소박하게 살아가는 모습을 근거리에서 볼 수가 있고 지역의 삶 속으로 한 걸음 다가선 길이라고 할 수 있다. 그리고 무엇보다도 자물쇠를 계기로 하여 진정한 사랑을 이루길 간절히 바라게 되는 길이기도 하다.

더불어서 시인의 다른 시들 중에 고향의 자연과 건축물, 위인들의 역사와 기억을 복원하려는 노력이 깃든 시는 「은하사」, 「늦가을 신어산」, 「멍에실 마을」, 「사라진 빛깔」 등이 있다.

2. 이방인으로서 경계를 넘나드는 사람들

얽히고 뒤집히고 외롬끼리 뺨 부벼 살아도 살아 있는 것들에선 끊임없이 수분이 증발했다 숨겨도 가난의 열꽃은 더 타올랐다 케이씨! 흰 쇠빗장을 조금씩 조금씩 흔들며 죽음을 생각한다 늦은 밤 후미진 골목을 휘적휘적 나선다 비껴가리라 맞서지 않으리라 속으로 휘감았다가 삐걱 이는 몸 귀퉁이,

등줄기 파고든 바람 걸음조차 무겁다 벌써 몇 달
째인가 쌓인 월세가 절해고도 같아서

─「흰, 케이 씨」부분

이 시에 등장하는 "케이 씨"는 세상으로부터 불어오는 거대한 바람을 맞으며 오늘도 잘 버티고 있다. 그가 세상에 잘 적응하고 있는 것처럼 보이는 것은 제목에 쓰인 "흰"이라는 형용사 때문이다. 그는 세파에 아무리 시달려도 "맞서지 않"고 휘어지는 삶의 지혜를 발휘한다. 하지만 언젠가부터 세상의 풍파와 그를 내리누르는 삶의 무게가 버겁게 느껴진다. 이러한 시적 화자의 주변에서 자신의 삶을 감당하고 있는 수많은 "케이 씨"들은 곧게 서 있지 못하고 휘거나 결국엔 사라질 수밖에 없는 운명을 가진 존재들임을 암시적으로 드러내고 있다.

여기
이곳에 들어서면
땀방울 씻어주는 유일한 골목길
그리움은 더 나가지 않습니다
이국의 젊은이들 다소곳이 담뱃불 껌벅이는
양면은 소리 없는 길

골목은 생生보다 앞서 있고

한 시간 혹은 한 생애 두고

골목길은 언제나 바람보다 앞서 있습니다

- 「바람의 골목」 부분

　물설고 낯선 타국으로 돈을 벌러 온 "이국의 젊은이들"이 하루의 힘든 노동을 견딘 후에 피우고 있는 담배꽁초는 큰길가가 아닌 골목길에서 자주 발견된다. 그것은 그들의 삶이 아직 불안정하며 그 어디에도 낄 수 없는 신분적인 한계를 지니고 있고 주변인으로서 가진 타자의식 때문이다. 그래서 "골목"은 어쩌면 "생"에 가깝기보다 죽음 쪽에 가까운 것이어서 삶의 애잔함이 녹아있는 공간이다. 그런 삶과 죽음의 경계를 오가면서 하루하루 힘겨운 삶을 살아가는 그들의 마음속에는 언제나 불안감이 엄습한다. 하지만 고향에 두고 온 사랑하는 사람들을 향한 "그리움"은 그들을 지금 이곳 외에는 한 발자국도 나아갈 수 없게 한다. 다만 소심하게 골목의 바람을 맞으면서 현재 발 딛고 서 있는 삶의 위태로움을 예감할 뿐이다.

　그녀는 화가

강아지 향이와

기타 맨 하라와

커피 굽는 붉은 태양

사진 찍는 돈가스 공업사

노래하는 사진관 광석 씨 부부

모여드는 친구들

여기서 논다

〈중략〉

오래된 미래라는

선생님, 포크송 가수 권나무

퓨전소설을 쓰며

피아노 치는 데이드림

전국에서 모여드는

—「문화 골목」 부분

시적 화자가 자주 만나서 소통하는 친구들은 직업과 생계가 다른 사람들이 대부분이다. 예술을 사랑하지만 그 것으로는 생계를 해결할 수가 없어서 다른 직업을 가지고 있는 사람들이다. 삶이 애잔하게 흐르고 있는 이 골목에는 예술가들을 위한 분위기가 조성되어 있다는 것만으로도 풍요로움을 느끼게 한다. 그렇게 경제적인 것과 비경제적인 것의 공존이 서로를 만나게 하고, 소통하게 하는 근원이 되고 있으며 함께 공동체를 이루며 살아가는 것에서 심리적인 안정감을 느끼게 한다. 그리고 무엇보다 함께 만든 문화 골목이 다른 지역의 사람들까지 불러 모으는 것에서 자부심을 느낄 수가 있는 것이다.

이번 이윤 시인의 시집에는 타자들을 향한 따뜻한 시선이나 소외된 사람들을 향한 관심이 위의 시 외에도 여러 시들에서 나타나고 있는데 이주민들의 가난에 대해서 쓴 「훤, 케이씨」, 먼 타국으로 이주해 온 이주민들의 애환을 그린 「바람의 골목」과 「김태원 거리」, 오징어를 말리면서 생계를 유지해온 노인에 대한 「논골담길」, 낡은 고향집을 지키며 살아가는 사람들에 대한 「비찌에 대한 고찰」 등이 있다.

3. 유년의 기억과 가족에 대한 사랑

　　감꽃 떨어지던 여섯 살 여름날
　　울 아버지 마당에서 개구리 굽고 계셨지요, 그때
　　담에서 뛰어내리다 돌부리에 걸린 이마
　　앞 동네 술도가 옆 왕 의원이 감꽃 실로 꿰맸는데

소리 한번 지르지 않고 눈 감더라는 엄마의 칭찬,
〈중략〉

온몸에 파문처럼 돋던 소름 문지르며
척, 척하며 살아냈습니다
해마다 감꽃 떨어질 무렵이면
월산리 정주마 333번지 장관 아재 집 앞마당 불러놓고
살그머니 흉터를 끄집어내기도 하였지요
흉터란 그런 것 아닌가요, 더는 아픔을 견딜 수 없지만
분명히 아팠던 날 기억하라는

−「감꽃 마당」 부분

 이 시는 "감꽃"이 "떨어지던" 날과 화자의 이마에 "흉터"가 생긴 날이 우연히 겹침으로써 시의 의미가 확장되는 것을 알 수가 있다. 즉 감꽃이 떨어지며 생긴 그 자리에 흉터가 생기고 그 쓰라림이 지나면서 열매가 맺히는 자연의 질서가 어린 화자가 어른이 되기 위해 겪는 성장통으로 비유되고 있다. 어린 자식의 이마에 생긴 상처를 지켜보는 부모님의 안쓰러운 마음과 그러한 성장의 과정을 격려하고 위로하고자 하는 마음에서 따뜻한 혈육의 정을 느낄 수가 있다. 또한 "감꽃"이 떨어지는 "마당"이라는 공간

성과 시간성, 화자의 기억에서 소환되는 사건이 함께 어우러지면서 극적인 효과까지도 얻고 있다.

> 바람이 시원하다고 하지만
> 행동이 시원한 사람만이야 하겠냐며
> 소박한 욕심조차 버리고 싶다는 저녁
> 기대하지 않은 아버지 전화 한 통에 울컥 미어지
> 는 귀갓길
> 오늘은 꼭 국수나 냉면 먹으래이 그래야 오래
> 산단다
> 희미한 음성이 숨이 차다
> 핏줄의 고마움이 뼈저리던 그날
> 모두 내동댕이치고 싶다는 울분이
> 치솟을 때, 약간의 초를 치고 간을 적절히 맞춰
> 주시던
> 나의 아버지!
>
> ―「전화 한 통화의 위력」 부분

생일날에 허전한 심정으로 하루를 보내고 있는 시적 화자에게 아버지의 전화가 걸려온다. 아무도 자신이 생일인 줄 모르고 있다고 생각했는데 문득 아버지가 건네는 생일

안부에 그만 "울컥"하는 마음과 "미어지는" 감정을 느끼게 된다. 화자는 그날의 기억을 "핏줄의 고마움이 뼈저리던" 순간이었다고 말하고 있다.

평소의 화자는 배려심이 깊고 타인을 먼저 생각하느라 자신의 주장을 잘 내세우지 못하는 성격인데 이번 생일날에도 화자는 그런 자신의 성격과 태도가 마음에 들지 않았던 터였다. 그런 다운된 기분으로 하루를 마감할 뻔했는데 우울한 기분을 다시 정상적으로 전환시켜준 아버지의 전화는 참으로 고맙고 감사하다. 특히 "약간의 초를 치고 간을 적절히 맞춰 주시던" 아버지의 축하는 약간은 코믹하면서도 따뜻한 혈육의 정을 느끼게 하는 것이다.

아랑아 어디로 가려나 영남루 대밭 사이로 가지 말아라

눈물의 달빛 저승길임을 아는가! 노랑제비, 애기똥풀, 소리쟁이, 광대나물이 꽃문을 여는 〈중략〉

남천강 수면 위에 쇠오리, 흰뺨검둥오리, 논병아리, 넓적부리청둥오리, 검은물새떼, 왜가리, 백조 무리들 비어 있는 뱃속에 울음이 가득하네 울면서 국경을 넘어온 그들, 강물의 출석부에 스스로 이름을 또박또박 적고 있네 어제 새들이 내려앉을 때 파르르 몸을 떨던 강물이 오늘은 새들의 발목을

가만히 잡고 있네 아리아리랑 아리 아라리오
　바람도 중력 앞에 휘청대는 겨울 솔밭은 웃자란 그림자 탓에 숨만 가빠지네
　소나무 벚나무 긴 겨울 장막을 찢는 야호! 소리 너머로 시간은 나를 매달고 똑, 딱, 똑, 딱 흔드네 한때는 전부였고 하나였던 너와 나, 잊어라 나 사랑한 거, 너 있어 나 빛났던 거, 가거라 우주 틈으로 강물에 몸을 맡긴 채 그냥 가거라 아리아리랑 아리 아라리오

　-「물도리동 연가」부분

　이 시는 "아랑"에게 시적 화자가 말을 건네는 노래의 형식을 띠고 있다. 그것은 후렴구인 "아리아리랑 아리 아라리오"의 반복적인 리듬에서도 알 수가 있다. 시적 화자는 아랑에게 "영남루 대밭 사이로 가지 말아라" 주문하는데 그 이유는 그곳이 "눈물의 달빛 저승길"이기 때문이다. 그곳을 지나온 여러 새 떼들의 "뱃속에 울음이 가득"한 것에서도 그 정황이 드러나고 있다. 즉 "영남루"는 이별의 장소이고 "너와 나"의 이별을 예감하는 장소이기도 하다. "아랑"에게서 "나"로 이어지는 헤어짐의 아픔을 담담히 받아들이는 숙명론적 자세를 보이고 있다. 이 외에도 시인의

유년의 기억과 가족들, 사물들에 대한 시들이 나타난 시로 「다시, 무진이」, 「뉴질랜드에서 보낸 딸의 편지」, 「감꽃마당」, 「대나무」, 「유채밭에서」, 「감씨」, 「순간」 등이 있다.

　이윤 시인의 『혜윰 가는 길』은 고향의 역사와 기억을 복원하려는 노력과 이방인으로서 경계를 넘나드는 사람들, 유년의 기억과 가족에 대한 사랑이 따뜻하게 드러나고 있다. 고향의 역사와 기억을 복원하려는 노력에서는 독립운동의 정신을 이어가고자 하는 의지와 역사적 사실의 복원을 위한 상상력이 발현되는 것과 지역의 발전을 위해 조성한 산책길을 통해서 오늘을 사는 사람들의 이야기가 역동적으로 펼쳐지고 있다. 이윤 시인에게 고향의 역사와 건축물과 사람들은 따로 떼어서 생각할 수 없는 통합적인 것으로서 고향에 대한 자부심과 긍지가 잘 드러나고 있다. 그리고 옛것을 통해서 현재를 충실하게 살아가고자 하는 마음과 다가올 미래를 계획하려는 열정이 함께 녹아있다. 다만 고향의 역사와 정신을 들여다볼 수 있는 건축물에 대한 시가 다소 많다보니 특정 지역이나 건물에 대한 시는 다소 높은 정보전달의 의미를 가지고 있다. 그러나 고향의 역사와 독립정신이 깃든 건축물들을 제외한 다른 상업적이고 무방비로 개발되고 있는 건축물에 대해서는 그 허위를 드러내고 있는 것을 보면 공간에 대한 인식을 균형적으로 가져갈 수 있는 시인이라는 생각이 든다.

다음으로 이방인으로서 경계를 넘나드는 사람들에 대한 사연들이 소개되고 있는데 타국에 이주해 와서 장사를 하고 있는 케이 씨는 힘겨운 현실과 경제적인 어려움 속에서도 굴하지 않고 삶을 개척하려는 모습을 보여준다. 그리고 타국에 돈을 벌려고 온 외국의 젊은이들이 힘든 노동을 견디면서도 희망을 잃지 않는 모습을 보여주기도 하고, 예술을 사랑하지만 현실적으로 다른 직업을 가질 수밖에 없는 사람들이 문화골목에 모여서 소통하는 모습도 따뜻하게 그려지고 있다. 그리고 낡은 것을 지키며 살고 있는 사람들과 오징어를 말려서 생계를 유지하는 할아버지가 소개되기도 한다. 시인은 우리의 주변에서 소외되고 힘든 사람들을 따뜻한 시선으로 바라보고 이웃들과 소통하면서 배려하는 마음을 가지고 있고 자신만의 긍정적인 기운을 전하고자 하는 열정을 드러내기도 한다.

마지막으로 유년의 기억과 가족에 대한 사랑에서 다양한 이미지와 서술을 통해서 개인적인 체험을 풍부한 상상력으로 다채롭게 변화시키고 있다. 아버지와 어머니, 자식과 사랑에 대한 애틋함을 느낄 수 있는 시들을 통해서 혈육에 대한 정을 깊이 있게 가져간 점이 눈에 띈다. 타자들을 배려하고 따뜻하게 끌어안는 것 외에도 개인적인 사유의 깊이를 더 깊게 파고 들어가서 존재의 의미와 시인으로

서의 자각, 사물들과의 격의 없는 어우러짐이 이루어지는 시학을 기대해본다. 오롯이 넓은 품을 가지고 있는 시인이기에 더 깊은 숨을 들이쉬는 것이 어렵지만은 않을 것이다.